DETRÁS DE LA POLÍTICA

DETRÁS DE LA POLÍTICA

TU VOTO PUEDE CAMBIAR
EL RUMBO DE UNA NACIÓN

NIA LINNEZ

Dedico este libro a quienes cultivan una cultura de valores éticos y están dispuestos a construir un futuro político más íntegro e inspirar un cambio positivo en la política de una nación.

INDICE

Una lectura para toda la humanidad.

Un libro sin fronteras y sin caducidad.

La ética como disciplina que busca establecer principios morales y normas de conducta se convierte en un faro moral en el ámbito político. Es un recordatorio constante de la importancia de actuar de manera justa, honesta y responsable en el ejercicio del poder. Sin embargo, la corrupción política, con su tentadora seducción de beneficios personales y desviación de los valores éticos, plantea un desafío constante a esta noble aspiración.

INTRODUCCIÓN

En la arena política, la ética y la corrupción son dos conceptos que se entrelazan en una compleja danza de poder, intereses y responsabilidad ciudadana. La política moderna se ha convertido en un escenario donde la conducta ética y la corrupción política están constantemente en disputa, lo que plantea interrogantes fundamentales sobre la integridad de nuestros líderes y el impacto que sus acciones tienen en la sociedad.

La ética, como disciplina filosófica que busca discernir entre el bien y el mal, el deber y la responsabilidad, nos invita a reflexionar sobre la conducta humana en el ámbito político. En este contexto, la ética política se convierte en una brújula moral que debe guiar a los actores políticos en la toma de decisiones y en la búsqueda del bien común. Sin embargo, la realidad nos muestra que la corrupción política es una sombra persistente que amenaza este ideal ético.

Es por esta razón que tu voto es el recurso más poderoso para cambiar el rumbo de una nación. Reconocer este poder es un paso hacia delante para fomentar la ética y proteger todo aquello que desde nuestro entorno impacta el bienestar individual y familiar.

Es fundamental comprender el juego político y no aceptar la manipulación y palabrería estructurada con el propósito de confundir, cegar, anular la transparencia y con engaños e imagen falsa, inducir a votar sin un análisis previo de cada uno de los individuos que se postulan como candidatos.

Es importante recordar que estas personas que aspiran a puestos políticos están para representarte y dirigir el camino más favorable para ti. Por esta razón se vuelve esencial comprender cómo se tejen los hilos de la corrupción en un enredo de sucesos vinculados a través de una enorme red.

Para la sociedad es decisivo conocer cómo estos vínculos o conexiones se establecen intencionalmente en el interior de los partidos políticos y en la mente de personas que se dedican al control del poder.

¿Cuántas veces te has enfrentado a promesas no cumplidas?

Tener una perspectiva más profunda puede ayudarte a no confiar, por lo menos no como lo has hecho hasta ahora. También podrá ayudarte a prevenir la llegada de nuevas desilusiones, y a no prestarte a ser engañado y utilizado para fines más allá de tu alcance.

Tomemos conciencia de lo perjudicial que es la corrupción en el poder político y cómo tiene consecuencias en nuestra vida.

A pesar de la corrupción, se encuentra presente la ética. Cabe destacar que, existen individuos que llevan a cabo una trayectoria política con el objetivo de mejorar la calidad de vida de los ciudadanos y fomentar causas más allá de un interés individual. También es relevante señalar que no se encuentran en un partido específico, sino que se encuentran en diversos partidos, lo cual implica que se pueden encontrar personas éticas y corruptas en todos los partidos. Este es el motivo por el que te invito, antes de emitir tu voto por un candidato, a que investigues en detalle y puedas identificar a quienes se desempeñan con honestidad en el difícil ambiente político.

Como ciudadanos de buen corazón, deseamos el bienestar colectivo que nos une como nación y queremos tener las condiciones de vida más favorables que nos brinden oportunidades para alcanzar nuestros objetivos. Afortunadamente, disponemos del poder del libre albedrío, un poder que nos permite decidir por quién votamos en función de un conocimiento previo y no como consecuencia de una decisión instintiva.

Examinemos juntos los senderos oscuros de la corrupción y descubramos cómo, mediante decisiones políticas fundamentadas en acciones morales y principios éticos, nos empoderamos para establecer un rumbo hacia una vida de prosperidad y, por ende, una nación de abundancia.

CAPÍTULO 1

CONCEPTO DE ÉTICA EN EL CONTEXTO POLÍTICO

Para comprender la intersección entre la ética y la política, es fundamental explorar el concepto de ética en el contexto político y cómo influye en la toma de decisiones y el ejercicio del poder.

La ética política no se limita a un conjunto de reglas o normas preestablecidas, sino que implica una reflexión profunda sobre los valores y principios morales que deben guiar la conducta de los actores políticos en beneficio de la sociedad en su conjunto en el ejercicio del poder.

Estos principios éticos se basan en la búsqueda del bienestar común, la justicia, la igualdad, la transparencia y la responsabilidad.

A través de la ética política, se busca establecer un marco normativo que permita evaluar y juzgar las acciones de los líderes políticos en función de su impacto en la sociedad.

En el contexto político, la ética implica asumir la responsabilidad por las decisiones y acciones tomadas, considerando en primer lugar que tienen el deber y el compromiso de actuar con integridad y honestidad, priorizando el bienestar de la comunidad y respetando los derechos y principios democráticos y no solo en los intereses individuales y partidistas.

El liderazgo político ético va más allá de la mera búsqueda del poder y la influencia. Implica actuar con transparencia, empatía, justicia y humildad. Los líderes éticos se guían por valores sólidos y principios morales, y son capaces de inspirar confianza y movilizar a la sociedad hacia objetivos comunes. Su liderazgo se basa en la integridad y la capacidad de tomar decisiones éticas, incluso cuando enfrentan presiones o tentaciones. No venden sus ideales, ni negocian su integridad. Deben ser capaces de analizar las diferentes perspectivas, evaluar las consecuencias a corto y largo plazo, y tomar decisiones informadas y transparentes.

Paralelamente los ciudadanos tienen la responsabilidad de informarse, involucrarse en el debate público, y exigir que sus líderes políticos actúen con integridad y en beneficio de la sociedad, ya que, la ética política no solo recae en los líderes políticos, sino que también implica la participación ciudadana, activa y ética. Desde luego, con líderes políticos éticos conscientes de su responsabilidad y deber, no sería necesario exigir que actúen con integridad.

El concepto de ética en el contexto político es esencial para garantizar una gobernanza justa y responsable. Nos invita a reflexionar sobre los principios y valores que deben guiar la conducta de los actores políticos, promoviendo la transparencia, la responsabilidad y la búsqueda del bienestar común.

La ética política es un llamado a construir una sociedad más justa, equitativa y ética, donde los líderes y los ciudadanos trabajen juntos para promover el bienestar individual y colectivo.

CAPÍTULO 2

DEFINIENDO LA CORRUPCIÓN EN EL ÁMBITO POLÍTICO

La corrupción política ha sido una preocupación constante en la sociedad moderna y ha afectado la confianza en las instituciones políticas. Para comprender de su alcance y consecuencias, resulta imperativo definir su funcionamiento en el ámbito político y examinar las diversas formas en las que se manifiesta. Dado que tiene diversas causas, es fundamental abordar de manera eficaz este problema para comprenderlas. Algunas de las causas comunes son:

- Falta de transparencia y rendición de cuentas.
- Debilidad institucional en los sistemas de control y sanción.
- Existencia de incentivos perversos.

- Cultura de impunidad.
- Falta de valores éticos en la sociedad.
- Desigualdad socioeconómica.
- La codicia personal, la presión por obtener beneficios personales.

Aunque es evidente que los líderes políticos tienen la responsabilidad ética de servir al interés público y tomar decisiones basadas en principios éticos y morales, también es cierto que la corrupción contradice estos principios y debilita la integridad de las instituciones políticas.

La corrupción en el ámbito político se puede definir como el abuso del poder político para obtener beneficios personales o para favorecer a intereses particulares en detrimento del bienestar y los derechos de la sociedad, lo cual implica una violación de la confianza pública y un abuso del poder otorgado por los ciudadanos. La corrupción puede manifestarse de múltiples formas y abordaremos las siguientes:

- Malversación de fondos públicos.
- Nepotismo.
- Soborno.

- Tráfico de influencias.
- Enriquecimiento ilícito.

MALVERSACIÓN DE FONDOS PÚBLICOS

Cuando los recursos del Estado se utilizan de manera indebida o se desvían para beneficio personal o de terceros.

NEPOTISMO

La práctica de otorgar cargos o beneficios públicos a familiares o amigos, sin considerar la competencia o méritos.

SOBORNO

Ofrecer, solicitar o recibir dinero, regalos o favores a cambio de influencia o acciones políticas favorables.

TRÁFICO DE INFLUENCIAS

El uso indebido de la influencia y contactos políticos para obtener ventajas o privilegios en el ámbito político o empresarial.

ENRIQUECIMIENTO ILÍCITO

Obtener riqueza de manera injustificada a través de actividades políticas, como el desvío de fondos públicos o la corrupción en la contratación pública.

Lamentablemente, la corrupción política tiene efectos perjudiciales en la sociedad en su conjunto:

- Debilita la confianza ciudadana en las instituciones políticas,
- Distorsiona la toma de decisiones.
- Desvía recursos que podrían destinarse al desarrollo y bienestar de la sociedad.
- Fomenta la desigualdad, la impunidad y la falta de transparencia,
- Debilita el Estado de derecho, quebrantando la democracia.

CAPÍTULO 3

ORÍGENES HISTÓRICOS DE LA CORRUPCIÓN POLÍTICA

La corrupción política no es un fenómeno nuevo, sino que ha existido a lo largo de la historia en diferentes contextos y culturas. Para comprender su evolución y persistencia, es fundamental explorar los orígenes históricos de la corrupción política y cómo ha influido en las sociedades a lo largo del tiempo.

En la antigua Grecia, por ejemplo, se registraron casos de soborno y tráfico de influencias. En el Imperio Romano, la corrupción política se hizo común, especialmente entre los gobernantes y funcionarios, quienes abusaban de su poder para obtener beneficios personales.

Durante la Edad Media, la corrupción política estaba estrechamente vinculada al feudalismo y al sistema de patronazgo. Los señores feudales y los monarcas otorgaban cargos y privilegios a cambio de favores políticos o económicos. Este sistema de nepotismo y favoritismo alimentó la corrupción política en esa época.

En el Renacimiento, la corrupción política se manifestó de manera particular en la Iglesia Católica. La venta de indulgencias y el nepotismo papal fueron prácticas corruptas ampliamente conocidas. Estos casos de corrupción fueron una de las razones que llevaron a la Reforma Protestante.

Durante la época moderna, la corrupción política se acentuó con el surgimiento de los Estados nacionales y la expansión colonial. Los gobernantes y funcionarios coloniales abusaron de su poder para adquirir riquezas y beneficios personales a costa de los territorios colonizados. La corrupción política en esta época también estaba relacionada con la expansión del comercio y el tráfico de influencias.

En el siglo XX y en la era contemporánea, la corrupción política ha adquirido nuevas formas y dimensiones. Con el crecimiento del Estado de bienestar y la consolidación de la democracia, la corrupción política se ha infiltrado en los sistemas políticos y ha afectado a los partidos políticos, las instituciones estatales y a los mismos líderes políticos. Tristemente, los casos de sobornos, malversación de fondos públicos y tráfico de influencias se han documentado en todo el mundo.

Es difícil encontrar un país donde los líderes políticos actúen siempre con integridad y ética, sin ninguna necesidad de supervisión por parte de los ciudadanos. Aunque existen países con sistemas políticos más transparentes y con menor corrupción que otros, la vigilancia ciudadana y la presión pública suelen ser importantes para garantizar la rendición de cuentas y prevenir la corrupción en cualquier parte del mundo.

Es ciertamente desafortunado que la corrupción política sea un problema generalizado en muchos lugares del mundo, actualmente, es ampliamente condenada y se han implementado medidas para combatirla. Organizaciones internacionales, como la ONU y la Unión Europea, han promovido la transparencia, la rendición de cuentas y la promoción de la integridad en la política. Sin embargo, la llegada de la tecnología digital ha facilitado el acceso a la corrupción y sigue siendo un desafío persistente en muchas partes del mundo.

Los orígenes históricos de la corrupción política nos muestran que es un fenómeno arraigado en la sociedad humana. A lo largo de la historia, la corrupción política ha evolucionado y se ha adaptado a diferentes contextos y sistemas políticos.

El conocimiento de sus orígenes nos ayuda a comprender mejor su persistencia y nos invita a emprender acciones efectivas para combatirla y promover una política más transparente, justa y ética. El esfuerzo continuo de los ciudadanos por exigir transparencia y rendición de cuentas puede contribuir a reducir la corrupción y promover una mejor gobernanza en todas partes.

CAPÍTULO 4

CASOS EMBLEMÁTICOS DE CORRUPCIÓN EN LA POLÍTICA

La corrupción en la política ha sido un problema constante en todo el mundo y ha habido numerosos casos desconcertantes que han afectado a las sociedades y debilitado la confianza en las instituciones políticas. Estos son solo algunos de los casos más destacados de corrupción que han sido registrados en la historia, sus impactos y las lecciones aprendidas.

CASO WATERGATE (ESTADOS UNIDOS, 1972).

Uno de los casos más famosos de corrupción política es el escándalo de Watergate. En 1972, se dijo que miembros del Comité de Reelección del presidente Richard Nixon habían realizado un allanamiento ilegal en la sede del Partido Demócrata en el complejo de oficinas Watergate en Washington D.C. Este escándalo reveló una red de espionaje político, sobornos y encubrimientos por parte del gobierno en funciones. Como resultado, el entonces presidente Nixon se vio obligado a renunciar en 1974, y el caso Watergate se convirtió en un hito en la historia de la corrupción política y en la importancia de la rendición de cuentas y el respeto al Estado de derecho.

CASO ODEBRECHT (AMÉRICA LATINA, 2016).

El caso Odebrecht es uno de los mayores escándalos de corrupción en América Latina. La empresa brasileña de construcción Odebrecht admitió haber pagado sobornos masivos a funcionarios de alto rango en varios países de la región para obtener contratos de infraestructura. Este caso involucró a políticos y empresarios influyentes en países como Brasil, Perú, Colombia, México y otros. El caso Odebrecht puso de manifiesto la profundidad de la corrupción en la política latinoamericana y generó una ola de protestas y demandas de justicia en toda la región.

CASO LAVA JATO (BRASIL, 2014).

El caso Lava Jato (Operación Lava Jato) es otro escándalo de corrupción de gran envergadura en América Latina. Esta investigación en Brasil reveló una red de corrupción en la empresa estatal Petrobras, donde se descubrió que altos funcionarios, políticos y empresarios habían estado involucrados en sobornos y desvío de fondos públicos. El caso Lava Jato ha llevado al enjuiciamiento y encarcelamiento de numerosos políticos y empresarios influyentes en Brasil. Este caso ha tenido un gran impacto en la política brasileña, generando una mayor conciencia sobre la corrupción y la necesidad de reformas en el sistema político.

CASO GÜRTEL (ESPAÑA, 2009).

El caso Gürtel es uno de los mayores escándalos de corrupción en España. Esta investigación reveló una red de corrupción que involucraba a políticos del Partido Popular (PP) y empresarios que se beneficiaban de contratos públicos a cambio de sobornos y financiamiento ilegal del partido. El caso Gürtel ha llevado a juicios y condenas de políticos y empresarios de alto nivel en España y ha generado un debate público sobre la necesidad de una mayor transparencia y ética en la política.

EL CASO DE LA ESTAFA MAESTRA (MÉXICO, 2017).

Fue revelado por una investigación periodística hecha por el portal de noticias Animal Político en asociación con la organización de la sociedad civil Mexicanos Contra la Corrupción y la Impunidad, que puso al descubierto un esquema de corrupción en el cual diversas dependencias del gobierno mexicano desviaban recursos públicos a través de contratos y convenios con universidades públicas.

Participaron 11 dependencias federales, 8 universidades y más de 50 funcionarios. Este esquema consistía en que las dependencias gubernamentales transferían recursos para la realización de supuestos servicios o proyectos, pero en realidad gran parte de ese dinero era desviado a través de empresas fantasma y no se cumplía con los objetivos establecidos. Se estima que se desviaron miles de millones de pesos del erario público a través de este esquema.

El caso de la Estafa Maestra generó un gran impacto en México debido a la magnitud del desvío de recursos y la implicación de altos funcionarios públicos. Luego de la revelación del caso, se llevaron a cabo investigaciones y acciones legales contra los responsables, tanto en las dependencias gubernamentales como en las universidades involucradas.

CASO LAVA JATO (PERÚ, 2014).

El caso Lava Jato en Perú se hizo conocido a partir del año 2014, cuando se revelaron las primeras investigaciones sobre corrupción de la empresa brasileña Odebrecht en varios países de América Latina. Sin embargo, las investigaciones y las repercusiones judiciales en Perú se intensificaron a partir del año 2017.

En ese año, se dijo que Odebrecht había pagado sobornos a funcionarios peruanos a cambio de obtener contratos de obras públicas en el país. Este hecho generó un gran escándalo y llevó a la apertura de investigaciones por parte de la Fiscalía y el Poder Judicial de Perú.

A lo largo de los siguientes años, se revelaron más detalles sobre los montos de los sobornos y los involucrados en el caso, incluyendo a altos funcionarios del gobierno y empresarios peruanos. Este caso tuvo un fuerte impacto en la política del país y generó una gran indignación en la sociedad.

Estos son solo algunos casos emblemáticos de corrupción en la política, son ejemplos de la complejidad y gravedad de este problema en todo el mundo. Revelan la importancia de la rendición de cuentas, la transparencia y la justicia en la lucha contra la corrupción política.

Estos casos también han despertado una mayor conciencia y movilización ciudadana, lo que ha llevado a la implementación de reformas y políticas más estrictas para combatir la corrupción y promover una política más ética y responsable. También nos recuerdan que la lucha contra la corrupción es un desafío constante y que se requiere un gran esfuerzo conjunto para lograr avances significativos.

CAPÍTULO 5

LOS INCENTIVOS QUE FOMENTAN LA CORRUPCIÓN EN LA POLÍTICA

Para abordar este fenómeno, es fundamental comprender los incentivos que fomentan su aparición y persistencia. En este capítulo, veremos los factores que contribuyen a la corrupción en el ámbito político, centrándonos en los incentivos que impulsan estas conductas.

Uno de los incentivos más evidentes para la corrupción en la política es la búsqueda de poder y enriquecimiento personal.

La ambición de poder se refiere al deseo desmedido de obtener y mantener el control y la autoridad sobre otros. En el ámbito político, esta ambición puede llevar a comportamientos corruptos, al enriquecimiento ilícito y al sometimiento a través de la violencia, la persecución y la privación de la libertad.

El enriquecimiento ilícito en la política ocurre cuando los funcionarios públicos utilizan su posición para obtener beneficios económicos personales de manera ilegal o poco ética. Los cargos políticos a menudo ofrecen acceso a recursos y oportunidades que pueden ser explotados de manera corrupta. Los políticos corruptos pueden aprovechar su posición para obtener sobornos, comisiones ilegales o desviar fondos públicos en beneficio propio.

La falta de consecuencias legales y la impunidad son incentivos poderosos para la corrupción política. Cuando los funcionarios corruptos creen que no serán castigados o que pueden evitar la justicia, se sienten tentados a cometer actos de corrupción sin preocuparse por las consecuencias. La corrupción dentro de las instituciones encargadas de hacer cumplir la ley y la falta de transparencia pueden perpetuar este ciclo vicioso.

El financiamiento de campañas políticas es otro factor que puede fomentar la corrupción en la política. Los altos costos de las campañas electorales pueden llevar a los políticos a buscar donaciones y aportaciones de fuentes cuestionables. Estas personas pueden esperar un trato favorable una vez que el político esté en el poder, lo que puede generar un conflicto de intereses y actos corruptos en beneficio de los donantes.

En algunos casos, la corrupción puede estar arraigada en la cultura política de una sociedad. Esto ocurre cuando la corrupción se percibe como algo aceptado, lo que conlleva que los lideres políticos sientan menos presión para actuar de manera ética.

Las prácticas corruptas arraigadas son un problema grave para una cultura en crecimiento, ya que estas pueden incluir el nepotismo, el clientelismo y el intercambio de favores. La cuestión radica en que, como comenté anteriormente, al ser tan frecuente, la sociedad lo percibe como algo comúnmente ocurre. Esto provoca un ciclo de corrupción, es decir, se repite una y otra vez y no solo en la política, sino también en otro tipo de organizaciones, dado que se ve como algo normal.

Cuando los procesos de toma de decisiones y las acciones de los políticos no son transparentes, se establece un entorno favorable para la corrupción. Debido a la actitud negligente, los actos corruptos pasan desapercibidos y se genera la apertura al engaño, la mentira y la manipulación que conduce a las falsas promesas, así como al mensaje sucio en los discursos políticos y en las campañas electorales.

Por supuesto, los medios que impulsan la corrupción en la política son diversos y complejos. Desde la ambición de poder y enriquecimiento personal, hasta la impunidad, el financiamiento de campañas, la cultura de la corrupción y la falta de transparencia, estos factores interactúan y se refuerzan mutuamente.

Para combatir eficazmente la corrupción en la política, se requiere una combinación de medidas legales, institucionales y culturales que desincentiven el comportamiento corrupto y promuevan la integridad en el ámbito político, sin embargo, la acción más urgente y simple, es que nosotros, los ciudadanos valoremos nuestro voto y no elijamos gente corrupta.

Como hemos visto, los efectos de la corrupción son devastadores, un ejemplo de ello lo veremos analizando las consecuencias en cuatro áreas concretas.:

- La confianza ciudadana.
- La economía.
- El desarrollo social.
- La calidad de la democracia.

En lo que respecta a la confianza ciudadana, lo que ocurre es que, al percibir altos niveles de corrupción, los ciudadanos experimentan un sentimiento de descontento y desconfianza, incluso de enojo, lo que puede derivar en altercados y agresiones que debilitan la legitimidad de las instituciones gubernamentales.

La falta de confianza ciudadana puede, no solo, erosionar la participación cívica, sino provocar un fuerte revés a la credibilidad y al patriotismo de una nación al debilitar los valores fundamentales de la democracia.

En referencia a la economía, los recursos públicos desviados a través de actos corruptos son sin duda una práctica perversa que daña potencialmente el desarrollo de una nación.

Los recursos que han sido desviados a intereses personales o convenientes, no se destinan a servicios esenciales, como educación, salud o infraestructura. Esta forma tan común de robar perjudica a los sectores más vulnerables de la sociedad.

La desviación de fondos destinados a servicios públicos básicos limita las oportunidades de desarrollo de la población y la falta de acceso equitativo a servicios esenciales, además, perpetúa la pobreza y la exclusión social. Esto puede paralizar el crecimiento de una nación, creando un entorno en el que los privilegios y el acceso a oportunidades están determinados por la corrupción y los sobornos, en lugar de por el mérito y la igualdad de oportunidades.

En cuanto a la falta de transparencia y la existencia de sobornos, esto puede disuadir la inversión extranjera y generar incertidumbre económica, debido a que se distorsionan los mercados, lo que perjudica el desarrollo económico sostenible. La corrupción actúa como un obstáculo para el desarrollo social.

La ausencia de rendición de cuentas de los líderes políticos y la interferencia de intereses corruptos genera un círculo vicioso en el que los líderes corruptos se perpetúan en el poder y se perpetúa la impunidad.

En pocas palabras, la corrupción tiene un impacto significativo en la sociedad y la democracia. Millones de familias se ven atrapadas en una lucha por la supervivencia y los jóvenes se ven impedidos para generar un cambio en su vida, ya que no tienen un futuro garantizado que les asegure una vida digna. En resumen, se debilita la confianza ciudadana, se perpetúa la desigualdad, afecta negativamente la economía y obstaculiza el desarrollo social.

CAPÍTULO 6

INFLUENCIA DE LOS GRUPOS DE CABILDEO EN LA CORRUPCIÓN POLÍTICA

Los grupos de interés, también conocidos como grupos de presión o grupos de cabildeo, que en muchos casos son empresas u otros movimientos con fines específicos, desempeñan un papel importante en el proceso político al representar los intereses de diversos sectores de la sociedad. Sin embargo, en algunos casos, esta influencia puede llevar a prácticas corruptas y deteriorar la integridad del sistema político.

En el presente capítulo, se examinará la influencia de los grupos de interés en la corrupción política y cómo se pueden mitigar sus efectos negativos.

Un riesgo asociado con los grupos de interés es la anulación de la toma de decisiones del Estado, que ocurre cuando un grupo en particular ejerce una influencia desproporcionada sobre las políticas y decisiones públicas en beneficio propio. Esta influencia inapropiada puede conducir a la corrupción, ya que los grupos de interés pueden buscar obtener beneficios prohibidos, como contratos favorables o legislación a medida, a través de sobornos o presiones indebidas sobre los funcionarios públicos.

El financiamiento político es otro factor que puede facilitar la corrupción política. Los grupos de interés pueden usar su influencia financiera para obtener favores políticos y acceso privilegiado con quienes toman las decisiones. Esto puede incluir donaciones de campaña, financiamiento de partidos políticos o incluso el soborno directo de políticos. Estos actos de corrupción pueden minimizar la independencia de los líderes políticos y distorsionar el proceso político en beneficio de los intereses de los grupos de interés.

La práctica de las "puertas giratorias" ocurre cuando los funcionarios públicos o políticos pasan a trabajar para los grupos de interés después de dejar el cargo. Esto genera un conflicto de intereses, dado que estos exfuncionarios pueden usar su conocimiento y contactos para influir en las políticas públicas en beneficio de los intereses de los grupos de interés. Esta influencia indebida puede llevar a la toma de decisiones que no están en beneficio del público y fomentar la corrupción.

La falta de transparencia y regulación en la relación entre los grupos de interés y los políticos es otro factor que facilita la corrupción. En muchos casos, no se exige que estos grupos revelen sus fuentes de financiamiento o sus actividades de cabildeo. Esto genera un entorno favorable para actos de corrupción, dado que los grupos de interés pueden operar en la oscuridad, sin rendir cuentas por sus acciones.

Para evitar que los grupos de interés influyan negativamente en la política, es importante tomar medidas efectivas como:

- La promoción de la transparencia en el financiamiento político.
- La regulación del cabildeo.
- La creación de mecanismos de control y rendición de cuentas.
- Sanciones efectivas.

Aunque los grupos de interés desempeñan un papel legítimo a través del cabildeo en el proceso político, su influencia indebida puede llevar a la corrupción política al no poder garantizar que las decisiones políticas se tomen en beneficio del interés público y no de intereses particulares.

CAPÍTULO 7

MECANISMOS DE CONTROL Y PREVENCIÓN DE LA CORRUPCIÓN

Los sistemas de control y prevención de la corrupción desempeñan un papel fundamental en la batalla contra este fenómeno. Desde el establecimiento de un marco legal sólido hasta la promoción de la transparencia, la cultura de integridad, el control interno y la cooperación internacional, son estrategias que contribuyen a reducir la corrupción y fortalecer la confianza en las instituciones.

Las siguientes cinco estrategias podrían ser empleadas para controlar y prevenir la corrupción en diversos campos, desde el gobierno hasta el sector privado y la sociedad civil. La implementación efectiva de estos cinco mecanismos requiere tener la voluntad de hacerlo y no solo eso, sino, la voluntad de permanecer hasta conseguirlo.

1. MARCO LEGAL Y NORMATIVO.

Un marco legal sólido para controlar la corrupción implica promulgar leyes anticorrupción claras y efectivas, así como la creación de entidades reguladoras y de aplicación de la ley especializadas en la lucha contra la corrupción. Estos organismos deben tener autonomía e independencia para investigar y procesar casos de corrupción sin interferencias políticas o de intereses particulares, es decir, sin sobornos y compromisos antes adquiridos

2. TRANSPARENCIA Y ACCESO A LA INFORMACIÓN.

Los gobiernos y las instituciones deben promover la divulgación de información relevante, como presupuestos, contratos públicos y declaraciones de patrimonio de los funcionarios. Es importante fomentar la participación de los ciudadanos y hallar formas de ejercer un control social organizado y bien estructurado para garantizar la rendición de cuentas y detectar posibles actos de corrupción. La transparencia y el acceso a la información son herramientas poderosas en la prevención de la corrupción.

3.   ÉTICA Y CULTURA DE INTEGRIDAD.

La promoción de una cultura de integridad y ética desde las primeras fases de la educación y en el hogar resulta significativo para prevenir la corrupción. Esto significa fomentar valores como la honestidad, la responsabilidad y la justicia en toda la sociedad.

Es importante crear centros de formación para quienes quieren ser líderes políticos, no solo para aprender habilidades en los asuntos que deben abordarse en puestos políticos, sino para ejercer valores fundamentales y trabajar de acuerdo con principios éticos. Esto contempla la promoción de la ética en las escuelas y universidades, así como la implementación de programas de formación continua para líderes políticos en ejercicio.

La ética contempla el conjunto de valores y principios que regulan la conducta de una persona y su relación con los demás, y en el ámbito político, es fundamental para asegurar una gestión honesta, justa y responsable.

La educación ética contribuye a adquirir un sentido de responsabilidad y compromiso con el bienestar general. También se pueden establecer incentivos para premiar y reconocer a aquellos que actúan de manera ética y aplicar severas sanciones a aquellos que violan las normas de conducta ética y no cumplan con sus responsabilidades.

4. CONTROL INTERNO Y AUDITORÍA.

Las entidades gubernamentales deben establecer medidas de conducta claras para los funcionarios públicos con el propósito de ser evaluados de forma continua, como establecer sistemas de control interno eficaces que incluyan la separación de funciones, la revisión y monitoreo de operaciones, y la identificación de riesgos.

La auditoría interna y externa desempeña un papel relevante en la evaluación de la efectividad de los controles y la identificación de irregularidades o conductas inadecuadas.

5. COOPERACIÓN INTERNACIONAL Y
    RENDICIÓN DE CUENTAS.

A nivel internacional, la corrupción puede tener un impacto negativo en las relaciones diplomáticas y afectar la cooperación y el comercio entre países.

La cooperación internacional es fundamental para combatir la corrupción, particularmente en casos de corrupción entre países. Los países deben colaborar en la extradición de funcionarios corruptos, el intercambio de información y la coordinación de esfuerzos para recuperar activos robados.

La implementación efectiva de estos cinco mecanismos requiere tener la voluntad de hacerlo y no solo eso, sino, la voluntad de permanecer hasta conseguirlo.

CAPÍTULO 8

MOVIMIENTOS CIUDADANOS CONTRA LA CORRUPCIÓN POLÍTICA

Ante esta problemática de la corrupción, los movimientos ciudadanos han surgido como una fuerza poderosa en la lucha contra la corrupción política. En este capítulo, exploraremos el papel de los movimientos ciudadanos en la lucha contra la corrupción política y cómo han logrado generar cambios significativos en diferentes países.

Los movimientos ciudadanos contra la corrupción o una inconformidad política se caracterizan por la movilización masiva de personas que exigen rendición de cuentas y transparencia e incluso el cambio de poder.

Estos movimientos suelen utilizar diferentes estrategias, desde las más comunes como:

- Protestas pacíficas.
- Campañas de información.
- Uso de redes sociales.
- Presión a través de medios de comunicación.

Hasta las más complicadas por la duración de tiempo y el daño que se originan a terceras personas sin estar involucradas como:

- Las huelgas.
- Los levantamientos civiles.
- Actos de vandalismo y violencia.
- Golpe de Estado
- Guerra civil
- Revolución

A través de la participación activa de los ciudadanos, se pueden detectar y denunciar casos de corrupción, así como presionar para que se lleven a cabo investigaciones y se apliquen sanciones.

Hoy en día, existe una mayor vigilancia ciudadana, en gran parte debido al uso de las plataformas digitales, las cuales no solo informan y denuncian los actos corruptos, sino también contribuyen a disminuir la impunidad debido al temor a la exposición que tienen estos individuos.

Uno de los objetivos más comunes de los movimientos ciudadanos es promover la transparencia en la gestión pública en:

- La divulgación de información relacionada con los presupuestos públicos.
- Contratos gubernamentales.
- Financiamiento político patrimonio de los funcionarios públicos.

Al exigir una mayor transparencia, estos movimientos pueden prevenir y detectar actos de corrupción, así como fomentar la rendición de cuentas de los líderes políticos y también desempeñan un papel fundamental en el monitoreo y la vigilancia de los actos de corrupción política.

Los movimientos ciudadanos no solo buscan castigar a los corruptos, sino también promover cambios estructurales para prevenir la corrupción política. Estas demandas pueden incluir:

- Reformas en la legislación.
- Creación de organismos anticorrupción independientes.
- Implementación de políticas de transparencia
- Rendición de cuentas más estrictas.

Los esfuerzos ciudadanos impulsan a los gobiernos y a los actores políticos para que adopten medidas concretas y duraderas que combatan la corrupción y suelen colaborar con otras organizaciones:

- La sociedad civil.
- Los medios de comunicación.
- los organismos internacionales.

Esta cooperación permite amplificar las demandas y fortalecer la lucha contra la corrupción. La colaboración con organizaciones internacionales permite compartir experiencias y mejores prácticas en la lucha contra la corrupción a nivel global.

A continuación, conoceremos algunos ejemplos de movimientos ciudadanos que han logrado generar cambios estructurales en la lucha contra la corrupción política.

EL MOVIMIENTO «LAVA JATO» EN BRASIL.

Este movimiento ciudadano logró destapar uno de los mayores escándalos de corrupción en la historia de Brasil. A través de protestas masivas y presión popular, se llevaron a cabo investigaciones que implicaron a políticos y empresarios de alto nivel, lo que dio como resultado la condena de varios funcionarios públicos y la implementación de reformas anticorrupción.

EL MOVIMIENTO «MANI PULITE» EN ITALIA.

Surgido en la década de 1990, este movimiento ciudadano desempeñó un papel clave en la lucha contra la corrupción política en Italia. Gracias a las investigaciones y protestas masivas, se revelaron casos de corrupción generalizada en el sistema político italiano, lo que llevó a la destitución de varios políticos corruptos y a importantes reformas legales y políticas.

EL MOVIMIENTO «OCUPA WALL STREET» EN ESTADOS UNIDOS.

Aunque no estuvo directamente relacionado con la corrupción política, este movimiento ciudadano se enfocó en criticar la influencia del dinero y los intereses corporativos en la política estadounidense. A través de ocupaciones pacíficas y protestas, logró generar un debate nacional sobre la desigualdad económica y la corrupción sistémica, generando conciencia y presionando por reformas políticas y financieras.

EL MOVIMIENTO «REFORMA YA» EN MÉXICO.

Liderado por ciudadanos preocupados por la corrupción y la impunidad en el país, este movimiento logró movilizar a miles de personas en protestas y manifestaciones exigiendo cambios estructurales en el sistema político mexicano. Como resultado, se implementaron medidas anticorrupción, como la creación del Sistema Nacional Anticorrupción y la Ley de Responsabilidades Administrativas.

EL MOVIMIENTO «MAREA BLANCA» EN ESPAÑA.

Surgido en respuesta a los casos de corrupción en el sistema de salud pública, este movimiento ciudadano logró movilizar a profesionales de la salud y ciudadanos preocupados por la corrupción en el sector. A través de manifestaciones y campañas de concienciación, se lograron cambios en la gestión y supervisión de los recursos sanitarios, así como la adopción de medidas para prevenir la corrupción en el ámbito de la salud.

Así es la manera en la que los movimientos ciudadanos contra la corrupción política representan una fuerza poderosa en la lucha por la transparencia y la rendición de cuentas, movilizan a la sociedad civil, exigen cambios políticos y legales, y vigilan las acciones de los líderes políticos.

Los movimientos ciudadanos son un recordatorio constante de que la corrupción política no puede ser tolerada y que todos tenemos un papel que desempeñar en su erradicación.

CAPÍTULO 9

LIDERAZGO POLÍTICO Y TRANSPARENCIA

Los valores éticos en el liderazgo político desempeñan un papel crucial en la toma de decisiones y la dirección de una nación. Esta es la clave fundamental para familiarizarse con los candidatos a puestos políticos y poder seleccionar al líder político de un país, así como, a los congresistas y otros líderes políticos que a su vez designan a los funcionarios públicos. Esta es la importancia y la trascendencia que tiene nuestro voto.

La falta de ética y valores sólidos en los líderes políticos conduce a la corrupción y al abuso de poder. A continuación, exploraremos el papel de los valores en el liderazgo político y cómo una ética sólida puede contribuir a un gobierno más transparente, justo y responsable que promueva un desarrollo sostenible de un país.

Los valores y principios éticos proporcionan una guía para la toma de decisiones y el comportamiento de los líderes políticos. La práctica de estos valores siempre será luz para una nación y la guía para un gobierno digno representante de cada uno de sus habitantes. Algunos valores clave son:

- Honestidad.
- Integridad.
- Justicia.
- Responsabilidad.
- Respeto por los derechos humanos.
- Respeto por los derechos civiles.

Estos valores deben ser la base de las acciones y políticas de los líderes, ayudándoles a tomar decisiones que beneficien al bien común y eviten la corrupción y sus consecuencias. La ética en el liderazgo político implica actuar con honestidad, ser transparente y rendir cuentas ante la sociedad.

Los líderes deben ser responsables de sus acciones y decisiones, y estar dispuestos a someterse a un escrutinio público. Para que esto ocurra es necesario:

- Divulgar información relevante, como declaraciones de patrimonio y financiamiento político.
- Garantizar la participación ciudadana en el proceso de toma de decisiones.

La integridad es un valor esencial tanto en nuestra conducta como en el liderazgo político ético. Esto implica resistir la presión y las tentaciones de la corrupción, y actuar con coherencia y ética en todas las circunstancias.

Un líder político íntegro se guía por principios sólidos y no cede ante presiones externas o intereses personales. No negocia sus convicciones, ni pone en riesgo a una nación. Para un líder político ético, el sentido de la justicia debe ser su enfoque al tomar decisiones. La integridad y la honestidad deben guiar sus acciones y decisiones, ya que estas afectan directamente a la comunidad que representa. La integridad en la toma de decisiones se refiere a actuar de manera ética y responsable, considerando respetar a la sociedad en general. Si no hay respeto, hay caos.

Asi mismo, el empoderamiento y la participación ciudadana son elementos fundamentales para el buen funcionamiento de una sociedad democrática. Es responsabilidad del líder político, fomentar y promover activamente el empoderamiento de la ciudadanía, brindándoles las herramientas y el conocimiento necesario para que puedan participar activamente en la toma de decisiones que afectan a su comunidad.

Empoderar a la ciudadanía y fomentar la participación activa en la vida política, lo llevará a situaciones donde tendrá que preguntarse qué tanto es justo una u otra decisión que tome.

En este ambiente de inclusión y diálogo, donde todas las voces sean escuchadas y consideradas, un líder verdadero debe trabajar en conjunto con la sociedad para construir un futuro más justo y equitativo, donde cada individuo se sienta parte de un todo y tenga la capacidad de influir en su entorno.

Como ciudadanos, sería significativo impulsar la iniciativa para que todo ciudadano que se postule para un puesto político reciba una educación sólida sobre los valores éticos y su aplicación en el ámbito político. Un líder político con una sólida formación ética será capaz de tomar decisiones que beneficien a la sociedad en su conjunto, y no solo a intereses personales o de grupos.

Es evidente que, la ética es un factor clave para mantener la confianza y el respaldo de la ciudadanía, ya que un líder que actúa con integridad y transparencia inspira a los demás a seguir su ejemplo. En consecuencia, es fundamental que la formación ética sea una prioridad en la preparación de cualquier persona que desee desempeñarse como líder político, puesto que esto garantizará una gestión responsable y ética en el bienestar de la sociedad.

La corrupción es una problemática global que obstaculiza los fundamentos de la democracia y el progreso económico. La transparencia, por otro lado, es una herramienta clave para prevenir y combatir la corrupción. La función de la transparencia como medio para contrarrestar la corrupción puede impulsar la integridad de las instituciones y fomentar la confianza de los ciudadanos.

La transparencia implica el acceso a información relevante y oportuna por parte de los ciudadanos. Esto incluye la divulgación de información sobre el presupuesto público, contratos gubernamentales, decisiones y financiamiento políticos.

Las leyes deben contemplar sanciones en caso de incumplimiento y conjuntamente mecanismos de supervisión independientes con el fin de asegurar su cumplimiento.

Los líderes políticos deben estar dispuestos a enfrentar el escrutinio público y responder por sus actos. Para esto habrá que implementar mecanismos efectivos de rendición de cuentas. dos que considero relevantes son los siguientes:

- La creación de leyes y regulaciones claras y más estrictas que establezcan la obligación de los políticos de informar sobre sus acciones y decisiones cada ciudadano en particular.

- La creación de portales de transparencia en línea, donde los ciudadanos puedan acceder fácilmente a información valiosa sobre el desempeño de los políticos y evaluarlos en base al cumplimiento a través de una puntuación.

La promoción de una cultura de transparencia y participación ciudadana activa puede ser un factor clave para fomentar la rendición de cuentas de los políticos. Estas podrían ser:

- Auditorías independientes.
- Investigaciones anticorrupción.
- Sanciones apropiadas.

Una combinación de leyes claras, herramientas tecnológicas y una cultura de transparencia puede ser efectiva para garantizar que los políticos rindan cuentas de manera efectiva a la ciudadanía. La rendición de cuentas garantiza que los funcionarios públicos actúen de manera ética y disuade la corrupción.

La implementación de políticas de gobierno abierto, que utilizan herramientas digitales que facilitan la divulgación de datos, la participación ciudadana y la colaboración con el gobierno, son aliadas poderosas en la promoción de la transparencia. Al tener acceso a esta información, los ciudadanos pueden monitorear las acciones de los funcionarios públicos y detectar posibles actos de corrupción. Además, el acceso a la información permite a los ciudadanos participar de manera más informada en el proceso político, y con conocimiento previo elegir a lideres políticos que actúen de manera ética.

Por otra parte, es fundamental proteger a aquellos que denuncian actos de corrupción. Los denunciantes, también conocidos como "whistleblowers", desempeñan un papel crucial en la lucha contra la corrupción al revelar información sobre prácticas ilícitas.

La transparencia implica tener mecanismos de protección efectivos para los denunciantes, garantizando su seguridad y evitando represalias. Esto alienta a más personas a denunciar actos de corrupción y contribuye a la prevención y persecución de este delito.

La transparencia es un antídoto efectivo contra la corrupción, al promover la transparencia, podemos prevenir y combatir la corrupción, construyendo un futuro en el que la confianza ciudadana sea la base de una buena gobernanza.

CAPÍTULO 10

LOS DILEMAS MORALES EN LA TOMA DE DECISIONES

Los líderes políticos a menudo se encuentran en situaciones donde deben equilibrar diferentes intereses y valores, lo que puede generar conflictos éticos y la toma de decisiones éticas en el ámbito político puede presentar una serie de dilemas morales complejos y como ciudadanos debemos conocer de ello.

En este capítulo, profundizaremos en la dualidad ética en la toma de decisiones políticas, analizando los dilemas morales a los que se enfrentan los líderes y las implicaciones de sus elecciones, en particular las siguientes:

- Conflicto de intereses.
- Utilitarismo versus derechos individuales.

- Intereses de corto plazo versus intereses de largo plazo.
- Honestidad y transparencia versus estrategia política.
- Equidad y justicia social.

El conflicto de intereses es uno de los principales dilemas en la toma de decisiones políticas. Ocurre cuando un funcionario o representante político enfrenta una situación en la que sus intereses personales, financieros o familiares entran en conflicto con los intereses públicos o el bienestar general de la sociedad a la que sirve.

Este conflicto puede surgir cuando un político tiene inversiones en una industria específica, tiene relaciones estrechas con grupos de interés o tiene la posibilidad de obtener beneficios personales a expensas de las decisiones que toma.

El conflicto de intereses puede ser problemático por varias razones. En primer lugar, puede generar un sesgo en la toma de decisiones, ya que el político podría estar más inclinado a favorecer sus intereses personales o los de sus allegados en lugar de tomar decisiones basadas en el interés público. Esto puede llevar a políticas injustas o decisiones que benefician a unos pocos en detrimento de la mayoría.

Cuando los ciudadanos perciben que los funcionarios están tomando decisiones que benefician sus propios intereses, se pone en riesgo la transparencia, la integridad y la legitimidad del sistema político en su conjunto. Esto puede tener consecuencias negativas para la estabilidad y la democracia de un país. Abordar el conflicto de intereses en la toma de decisiones políticas es esencial para asegurar la imparcialidad, la transparencia y la confianza en el sistema político. Este tipo de conflicto puede generar decisiones éticamente cuestionables y socavar la confianza ciudadana en la integridad de los líderes. Para terminar con el conflicto de intereses en la toma de decisiones políticas, se sugiere implementar medidas como las siguientes:

DIVULGACIÓN DE CONFLICTOS DE INTERÉS.

Los políticos deben estar obligados a revelar cualquier conflicto de interés potencial o existente. Esto permite una mayor transparencia y permite a los ciudadanos evaluar la imparcialidad de las decisiones políticas.

RESTRICCIONES Y REGULACIONES.

Es necesario establecer reglas claras para evitar que los políticos tomen decisiones que puedan beneficiar directamente sus intereses personales. Esto puede incluir la prohibición de ciertos tipos de inversiones o actividades empresariales mientras se ocupa un cargo público.

COMITÉS DE ÉTICA.

Establecer comités independientes de ética que supervisen y evalúen los posibles conflictos de interés de los funcionarios públicos. Estos comités pueden brindar orientación y recomendaciones sobre cómo manejar las situaciones de conflicto.

EDUCACIÓN Y CAPACITACIÓN.

Proporcionar una educación sólida y programas de capacitación sobre ética y conflicto de intereses a los funcionarios públicos. Esto puede ayudar a crear una cultura de integridad y conciencia sobre la importancia de tomar decisiones basadas en el interés público.

Otro dilema moral común en la toma de decisiones políticas es el conflicto entre el utilitarismo y los derechos individuales.

UTILITARISMO Y DERECHOS INDIVIDUALES

El utilitarismo plantea que las decisiones deben tomarse basándose en la maximización del bienestar general, incluso si esto implica sacrificar los derechos individuales de algunos. Por otro lado, los derechos individuales sostienen que cada persona tiene derechos inherentes que deben ser respetados. Los líderes políticos deben sopesar estos dos enfoques y encontrar un equilibrio entre ellos al tomar decisiones.

INTERESES DE CORTO PLAZO Y LOS INTERESES DE LARGO PLAZO.

De igual forma, se enfrentan a la disyuntiva entre los intereses de corto plazo y los intereses de largo plazo. En algunas ocasiones, pueden optar por decisiones que generen beneficios inmediatos, pero que a largo plazo pueden ser perjudiciales para la sociedad. Estos dilemas éticos requieren una visión de futuro y la capacidad de resistir las presiones de corto plazo en beneficio del interés público a largo plazo.

La honestidad y la transparencia son valores fundamentales en la toma de decisiones éticas. Sin embargo, los líderes políticos a menudo deben enfrentarse al dilema de cómo equilibrar la necesidad de ser honestos y transparentes con la estrategia política. Pueden surgir conflictos entre la revelación completa de información y la necesidad de mantener la estabilidad política o evitar posibles consecuencias negativas. De nuevo habrá que encontrar el equilibrio entre los dos aspectos.

EQUIDAD Y LA JUSTICIA SOCIAL.

La equidad y la justicia social son valores cruciales en la toma de decisiones políticas. Sin embargo, los líderes políticos pueden enfrentar dilemas morales cuando deben elegir entre medidas que promuevan la equidad y la justicia social, pero que puedan generar conflictos o tensiones en la sociedad. Estos dilemas requieren un análisis profundo de las implicaciones de las decisiones y una búsqueda de soluciones que busquen un equilibrio entre la equidad y la estabilidad social.

La dualidad ética en la toma de decisiones políticas presenta una serie de dilemas morales complejos. Los líderes políticos se enfrentan a conflictos de intereses, deben equilibrar el utilitarismo con los derechos individuales, sopesar los intereses de corto plazo y de largo plazo, encontrar el equilibrio entre la honestidad y la estrategia política, y promover la equidad y la justicia social.

Estos dilemas éticos requieren una reflexión profunda y un compromiso con la toma de decisiones que busquen el bienestar general y fortalezcan la confianza ciudadana en la integridad de los líderes políticos.

CAPITULO 11

PROPUESTAS DE REFORMA Y CAMBIO

Dentro de las propuestas de reforma y cambio que podrían contribuir a promover una política más ética, se incluyen la transparencia y el fortalecimiento de la confianza ciudadana en la administración pública. Para alcanzar esta meta y, a manera de resumen de los capítulos anteriores, presentaré algunas propuestas de reforma y cambio que pueden contribuir a este propósito.

- Fortalecer los marcos legales y las regulaciones.
- Promover la transparencia y la rendición de cuentas.
- Educar en ética política.
- Fomentar la participación ciudadana.
- Promover la integridad política desde el liderazgo.

Una de las primeras medidas para promover una política más ética es fortalecer los marcos legales y las regulaciones anticorrupción, esto podría ser posible a través de:

- La implementación de mecanismos de control.
- Sanciones adecuadas.
- Asegurar la independencia y la eficacia de los organismos encargados de investigar.
- La creación de leyes claras y efectivas que prohíban prácticas corruptas.
- Perseguir los actos de corrupción.

Como vimos en capítulos anteriores, la transparencia y la rendición de cuentas son pilares fundamentales de una política ética y para promover la transparencia es de vital importancia:

- Garantizar el acceso a la información relevante, como los presupuestos públicos, los contratos gubernamentales y el financiamiento político.
- Establecer mecanismos efectivos de rendición de cuentas, como auditorías independientes y la

obligación de los funcionarios públicos de explicar y justificar sus decisiones y acciones.

La educación y la formación en ética política son esenciales para promover una cultura de integridad entre los líderes políticos y los funcionarios públicos, para lo cual es importante:

- Impulsar el desarrollo de programas de capacitación que aborden temas como la ética, la transparencia, la responsabilidad y la toma de decisiones éticas.
- Establecer códigos de conducta claros y éticos para guiar el comportamiento de los líderes políticos y los funcionarios públicos.

Una política más ética requiere de la participación activa de los ciudadanos y su empoderamiento en el proceso político, para esto podemos considerar:

- Crear espacios de participación ciudadana, como consultas públicas y mecanismos de participación ciudadana en la toma de decisiones.

- Promover la transparencia en el financiamiento de campañas políticas.
- Establecer límites a las contribuciones de empresas y grupos de interés.

La ética en la política es fundamental para garantizar la integridad de las instituciones y fortalecer la confianza ciudadana. Por ahora la corrupción y los comportamientos poco éticos han debilitado la credibilidad de los líderes políticos en todo el mundo.

Es importante que los líderes políticos den ejemplo a través de:

- Su comportamiento y toma de decisiones éticas.
- Asumir compromisos públicos de luchar contra la corrupción.
- Promover la transparencia y la rendición de cuentas.
- Cumplir con lo que prometen.

Es fundamental que los líderes políticos y la sociedad en su conjunto se comprometan con la construcción de:

- Una política ética y transparente.
- Fortalecer la democracia.

- Recuperar la confianza ciudadana en las instituciones.
- Ser claros en sus propuestas.

Promover una política más ética es un reto que requiere reformas y cambios profundos en las instituciones y en la cultura política. A continuación, enumeraré algunas que considero importantes:

1. TRANSPARENCIA Y RENDICIÓN DE CUENTAS.

Para lograr este objetivo es esencial implementar medidas que promuevan la transparencia en el financiamiento político. Es importante señalar que, en la actualidad, mediante el uso de las plataformas digitales, se podría tener al tanto a la población de manera personalizada. Sería un éxito significativo que se envíe cada propuesta o proyecto debidamente desglosado con su respectiva proyección financiera, y de manera conjunta la información detallada acerca de en qué se emplearon los impuestos que la persona pagó. Esto puede hacerse a través de enviar la información a los correos electrónicos de las personas. A continuación, menciono los siguientes puntos para aclarar estas ideas:

- La divulgación obligatoria de donaciones y gastos de campaña.

- Establecer mecanismos efectivos de rendición de cuentas para los funcionarios públicos, como la obligación de presentar declaraciones de patrimonio y conflictos de interés.

- Explicar el plan de acción a la ciudadanía, estableciendo fechas y medidas inmediatas. Es decir, enviar por correo electrónico a los ciudadanos este plan de accion y presentarlo como proyectos específicos, medibles, alcanzables, realistas y de duración limitada. El ya conocido método SMART será de gran ayuda. Además, se debe añadir el presupuesto a utilizar en cada proyecto con su debida proyección financiera.

- Enviar las evaluaciones regulares para medir el avance de cada proyecto.

- Enviar cada determinado tiempo, un documento oficial que describa en qué se utilizó el dinero del pago de los impuestos de la persona.

2. FORTALECIMIENTO DE INSTITUCIONES
ANTICORRUPCIÓN.

Dotar de recursos y autonomía a las instituciones encargadas
de combatir la corrupción, como:

- Fiscalías especializadas y comisiones de ética, esto
  implica garantizar que tengan el personal, la
  financiación y la independencia necesarios para llevar
  a cabo investigaciones imparciales y efectivas.

3. REFORMA DEL SISTEMA DE CONTRATACIÓN
PÚBLICA.

Establecer procesos de licitación y contratación
transparentes, competitivos y basados en méritos para:

- Prevenir el nepotismo y la corrupción en el proceso
  de selección de proveedores y contratistas del
  gobierno.

4. FOMENTO DE LA PARTICIPACIÓN CIUDADANA.

Esto fortalecería la democracia y permitiría a los ciudadanos influir en las políticas públicas y monitorear la conducta ética de los funcionarios.

Algunas de las maneras de promover la participación ciudadana en la toma de decisiones políticas, serían las siguientes:

- Consultas populares,
- Audiencias públicas.
- Mecanismos de participación ciudadana.

5. EDUCACIÓN Y CULTURA DE INTEGRIDAD.

- Fomentar la educación cívica y la formación en ética en las escuelas y universidades, para promover una cultura de integridad desde temprana edad.
- Promover campañas de concienciación y sensibilización sobre la importancia de la ética en la política y el impacto negativo de la corrupción.

CAPÍTULO 12

COMPROMISO CON LA INTEGRIDAD PERSONAL

La integridad personal es un valor fundamental que tiene un impacto significativo en nuestra vida. Desde luego que, si exigimos un comportamiento ético, también debemos adoptar un comportamiento ético. Se trata de un valor esencial que fortalece nuestras relaciones y consolida la confianza social. Implica actuar de manera coherente con nuestros valores y principios éticos. Es un compromiso con la honestidad y la coherencia entre nuestras palabras y acciones, lo que nos guía para hacer lo correcto, incluso cuando nadie nos está observando.

La integridad personal tiene una influencia positiva en los demás, que al procurar la confianza está estrechamente relacionada con la responsabilidad social y el compromiso cívico. Siempre convendrá más, ser éticos que corruptos.

Aunque no somos seres humanos perfectos, podemos intentar ser mejores personas, simplemente esforzarnos cada día.

Las personas confían en aquellos que demuestran integridad y están dispuestos a compartir información personal emocionalmente valiosa. Cuando nuestras palabras y acciones son congruentes, creamos un ambiente de transparencia y sinceridad en nuestras relaciones.

Cuando actuamos con integridad, demostramos que somos dignos de confianza y que nuestras intenciones son genuinas. La confianza social se basa en la creencia de que los demás actuarán de manera ética y cumplirán sus compromisos.

Cuando nos comprometemos a respetar la dignidad y los derechos de todas las personas, contribuimos a la construcción de una sociedad inclusiva y respetuosa. De esta manera fomentamos la creación de comunidades más solidarias y empáticas, y nos comprometemos a ayudar a los demás, a ser compasivos y a promover el bienestar colectivo, generando un cambio positivo en la vida de las personas.

Los principios éticos, como la equidad y la imparcialidad, guían las decisiones y las acciones para asegurar que todas las personas sean tratadas de manera justa y se les brinden oportunidades iguales.

La cultura de integridad se opone a la discriminación y la explotación, y busca asegurar que todos los individuos tengan acceso a los mismos derechos y oportunidades. Las relaciones basadas en la ética fomentan la solidaridad y crean un sentido de comunidad, lo que promueve el bienestar colectivo y la resolución pacífica de conflictos.

Son muchos los beneficios de conducirse con integridad en la creación de una sociedad más justa y equitativa, y no es solo en el ámbito político.

La promoción de valores éticos en el lugar de trabajo, como la honestidad, el respeto y la equidad, crea un clima laboral positivo, promueve la cooperación y mejora la productividad. Los empleados se sienten valorados y motivados cuando trabajan en un entorno ético, lo que a su vez beneficia a la organización en su conjunto. En el ámbito laboral conducirnos de manera ética tiene beneficios significativos.

La conducta ética también implica la responsabilidad ambiental y el desarrollo sostenible. La ética ambiental busca proteger y preservar el entorno natural para las generaciones futuras, promueve la adopción de prácticas sostenibles, la conservación de los recursos naturales y la reducción del impacto negativo en el medioambiente. Esto garantiza el bienestar tanto para las personas como para el planeta.

La ética también tiene un impacto en el ámbito empresarial y en la responsabilidad social de las organizaciones. Cuando las empresas actúan de manera ética, no solo cumplen con sus obligaciones legales, sino que también consideran el impacto de sus acciones en la sociedad y el medioambiente. Un ejemplo de ello es cuando las compañías se involucran en la alimentación, sus políticas éticas otorgan beneficios en la salud de los consumidores a través de la promoción de alimentos más saludables sin compuestos nocivos. Asimismo, ocurre con productos de consumo diario, productos cosméticos y cuidados personales. Además, son notables los beneficios que las compañías tienen en el medioambiente al no contaminar con desechos químicos, consecuencia de una cultura empresarial ética.

Las empresas éticas promueven la transparencia, el respeto por los derechos laborales y la sostenibilidad, contribuyendo así a un desarrollo económico más equitativo y sostenible.

CAPÍTULO 13

CÓMO EVALUAR A UN CANDIDATO

Una persona ética en un puesto político se caracteriza por tener un alto sentido de compromiso con la integridad y la responsabilidad, factores clave en la lucha contra la corrupción. Implica actuar de manera coherente y ética, basándose en principios morales sólidos, rechazar la corrupción y resistir las tentaciones que puedan surgir en el ejercicio del poder.

La enseñanza de valores éticos desde una edad temprana fomenta la conciencia sobre la importancia de la integridad y la responsabilidad, también debe ser parte integral de la formación de los líderes políticos, para que puedan tomar decisiones éticas y resistir la corrupción en el ejercicio de su poder.

Como ciudadanos, tenemos la responsabilidad de prestar mucha atención al tipo de personas a las que elegimos para ocupar cargos políticos y de asegurarnos de que actúen con ética.

Cada uno de nosotros tiene el poder de generar un cambio positivo a través de las acciones y decisiones. Es fundamental reconocer que con nuestro voto elegimos lo que deseamos mejorar. El voto es un poder, un poder que no se lo puedes dar a cualquiera y mucho menos a quien no lo va a utilizar para construir una sociedad más justa, equitativa y respetuosa.

Para evaluar si un candidato actuará de manera ética en sus funciones como presidente, puedes considerar los siguientes pasos:

1. Ponerse en modo neutral y mente fría. Mente fría, me refiero a la disposición para la toma decisiones de manera racional y no instintiva, haciendo a un lado toda emoción para pensar con claridad. Saca de tu mente todo lo que has escuchado del candidato, evita sentirte emocionalmente enganchado u enganchada por algo que te gustó de su discurso o de su persona. Los candidatos harán muchas buenas obras durante su campaña y se tomarán fotos haciendo esas grandes obras, muchas veces solo para influir en tu voto. Por supuesto, no todos, pero sí la mayoría.

Una vez que estés en modo neutral y mente fría, empieza a abordar los siguientes puntos:

2. Investigación del historial. Analiza su historial político, sus acciones y decisiones pasadas para evaluar su comportamiento ético. ¿En qué ha participado? ¿Qué puestos importantes ha tenido? ¿Qué resultados ha tenido? ¿Con quienes se ha relacionado? ¿Quiénes son sus amigos?

Tengo la convicción de que, para lograr un cambio en la sociedad o tener un impacto en algún programa social, no se requiere esperar a ocupar un puesto político relevante. Debemos tener en cuenta que lo que no hizo en muchos años, no lo hará durante su mandato, ya que los tiempos de los mandatos son más cortos que toda la trayectoria política que han tenido.

3. Declaraciones públicas. Observa su discurso público y sus compromisos éticos previos para comprender sus valores y principios. ¿Qué plantean para mejorar lo que necesitas para tu economía, salud, educación, seguridad? ¿Qué opciones son viables y cuáles no?

4. Plataforma política. Revisa su plataforma política y sus propuestas para ver si incluyen medidas éticas, transparencia y rendición de cuentas. Es fundamental evaluar si sus propuestas benefician a la sociedad en general y no solo a intereses particulares. ¿Son realistas? ¿Se alinean con los principios éticos y los valores que consideramos importantes? Tal vez solo encuentres algunos elementos de la propuesta que se ajustan a tus valores y esto es lo que debes tomar en cuenta y poner en la balanza. No todo será tal y como tú deseas que sea, algunas cosas pesarán más que otras, no obstante, siempre busca la integridad.

5. Antecedentes personales. Examina su historial personal, incluyendo posibles conflictos de interés, comportamiento pasado y relaciones con grupos de interés. Durante el análisis de su trayectoria política, sus decisiones gubernamentales y su conducta familiar, esto último es fundamental, ya que podemos analizar su conducta moral al comprender cómo trata a su familia, cuáles son sus creencias y cómo influyen en sus acciones.

6. Evaluación de expertos. Considera las opiniones de expertos en ética, política y gobierno sobre el candidato en cuestión.

7. Debates y entrevistas. Observa cómo se desempeña en debates y entrevistas, prestando atención a su coherencia, honestidad y capacidad para abordar cuestiones éticas. ¿Se contradice? ¿Trata de cambiar de tema cuando no sabe objetar? Observa con detenimiento sus expresiones, los debates y entrevistas quedan grabados y puedes checar una y otra vez estas expresiones. Observa su imagen. ¿Se le ve falso? ¿Se le ve prepotente? Recuerda más vale una imagen que mil palabras.

8. Participación ciudadana. Escucha la opinión de la sociedad civil, organizaciones no gubernamentales y ciudadanos sobre la integridad y ética del candidato.

9. Comparación con otros candidatos. Compara al candidato con otros postulantes en términos de sus compromisos éticos y su historial para tener una visión más amplia.

10. Participación en debates y discusiones políticas. Si queremos líderes éticos es crucial ejercer nuestros deberes ciudadanos, uno de estos deberes es la participación activa en el proceso político. Involucrarnos en actividades cívicas, como movilizaciones pacíficas, firmar peticiones, apoyar a organizaciones de la sociedad civil y mantenernos informados sobre los temas de interés público. Esto nos permite conocer mejor a los candidatos. Podemos escuchar sus puntos de vista, evaluar su capacidad para comunicarse de manera clara y coherente, y analizar cómo responden a preguntas difíciles.

Al considerar estos pasos en conjunto, vas a tener una mejor comprensión de si un candidato tiene la probabilidad de actuar de manera ética en sus funciones cuando asuma el cargo. Esto nos ayudará a tomar decisiones informadas al emitir nuestro voto.

Evidentemente, las personas a las que nos referimos también son seres humanos y pueden cometer errores o haberlos cometido, y también pueden corregirlos. Es imperativo tener en cuenta que la política se encuentra compuesta por situaciones delicadas y comprometedoras, y que no es fácil gestionar en estos ámbitos. No obstante, en este contexto, antes de otorgar nuestro voto, es esencial conocer a los candidatos y exigir que sean transparentes en sus acciones y decisiones. Que estén conscientes de que estaremos atentos a cualquier indicio de corrupción.

Otra cuestión importante es que los medios de comunicación también sufren corrupción. Podrían responder a grupos de poder con los que establecen compromisos e intercambian y negocian a su favor. También es posible que los mismos medios de comunicación presionen al candidato para obtener dinero o apoyo. Toma en cuenta que en ocasiones todo lo maravilloso que dicen del candidato puede estar financiado por estos grupos de poder. Y todo lo malo que también pueden decir del candidato, puede estar financiado por los grupos contrarios. Asimismo, ocurre en las plataformas digitales. No te confíes, cuestiona e investiga.

A pesar de la complejidad que parece ser elegir entre un candidato ético y un corrupto, debido a las diversas circunstancias que deben tenerse en cuenta, no podemos permanecer inmóviles ante la tormenta que nos arrastra, no podemos jugar el juego de la política sucia para convertirnos en víctimas y solo quejarnos y quejarnos una y otra vez.

Si ya has elegido, reflexiona y pregunta ¿Qué ha mejorado en mi vida? ¿Qué consecuencias ha tenido mi decisión? ¿Qué ha mejorado como resultado de la elección que hice?

¿Te ha sucedido que has elegido a un candidato y has depositado en él o ella, toda tu confianza y esperanza, y pasa su periodo de mandato y tu vida sigue igual o peor?

No permitas que esto vuelva a suceder, mucho menos que te parezca normal que suceda. Puedes equivocarte, o te has equivocado ya, pero busca no equivocarte más. Mientras te equivocas, la vida sigue pasando. Si tienes hijos, ellos seguirán creciendo y en tus momentos de reflexión seguirás pensando en lo que no has podido lograr. Aunque hacer realidad tus sueños tiene que ver con tu fortaleza interior, tu enfoque y determinación, también tiene que ver con el entorno que te rodea, como las oportunidades que tienes, las posibilidades para acceder con rapidez a ellas, y es aquí donde los gobiernos son responsables de esta tarea.

Lo ideal sería que la participación ciudadana en la vigilancia y control de la corrupción política no fuera una responsabilidad del pueblo. Desde luego, si los políticos actuasen con ética y transparencia, los ciudadanos no tendrían que preocuparse por el manejo de los recursos públicos y estarían dispuestos a cumplir con sus obligaciones fiscales de manera consciente y positiva. Como esto no sucede así, es importante que los ciudadanos se mantengan informados y vigilantes a las acciones de sus gobernantes, y denuncien cualquier acto de corrupción que puedan detectar para garantizar un gobierno justo y honesto.

Como hemos podido apreciar, la elección de líderes éticos y responsables es fundamental para el bienestar de nuestra sociedad, ya que estas personas serán las responsables de adoptar decisiones que afectan directamente a la sociedad en su conjunto.

La corrupción política, entendida como el abuso del poder para obtener beneficios personales o partidistas, ha sido hasta ahora el motor de los escándalos políticos relacionados con sobornos, malversación de fondos y nepotismo, lo que afecta negativamente a la sociedad.

Consciente de que lo que vemos, es solo la punta del iceberg de un problema mucho más profundo y arraigado en la política moderna, solo quiero pedirte que no otorgues tu voto a cambio de mentiras y engaños, de espejitos y palabras elaboradas que se esfuman como si nunca fueron expresadas.

Ten en cuenta que la educación, la salud, la justicia, la economía, la armonía en tu hogar y la tranquilidad en tu vida son pilares fundamentales para sostener tu existencia.

Tu voto no es una frase vacía. Tu voto son tus sueños, tus luchas, tus ideales, tu vida. Protégelos eligiendo líderes políticos que estén verdaderamente comprometidos contigo y con los demás.

El país en el que naciste es tu único refugio, es tu hogar y te pertenece. Hazlo, grande y soberano, cuídalo y ámalo, que aquellos que vengan después de ti, se deleiten en una nación prospera, maravillosa y extraordinaria.

¡TU VOTO TIENE EL PODER DE FORJAR
UN CAMINO HACIA UN MEJOR
MAÑANA!

¡TU VOTO TIENE EL PODER DE
TRANSFORMAR VIDAS!

¡TU VOTO PUEDE CAMBIAR EL RUMBO
DE UNA NACIÓN!

La implementación exitosa de las medidas expresadas en este libro requiere de un compromiso genuino por parte de los actores políticos, así como de la participación activa de la sociedad civil en la exigencia de cambios y la vigilancia de su implementación adecuada.

Gracias por adquirir este libro y atender la invitación para elegir a
líderes políticos que cultiven una cultura de valores éticos y
tengan el potencial de generar un cambio positivo en tu país.

Para que este libro llegue a más personas y cumpla su propósito, te
agradezco que lo valores y escribas tus pensamientos en la
plataforma donde lo hayas adquirido.

Solo algo más...

Me complace invitarte a leer el libro que he escrito con el propósito de concientizar acerca de la magnitud de la trata infantil y, de este modo, prevenir que miles de niños sean víctimas de abuso sexual.

"Y yo, ¿qué puedo hacer?" Nia Linnez

De venta en Amazon.com

De antemano, gracias por ser parte y abogar por un mundo de amor en el que todos podamos vivir en plenitud.